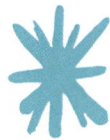

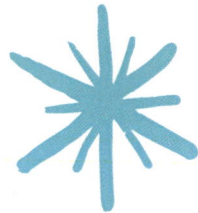

Para ti,
¡Vamos a leer!

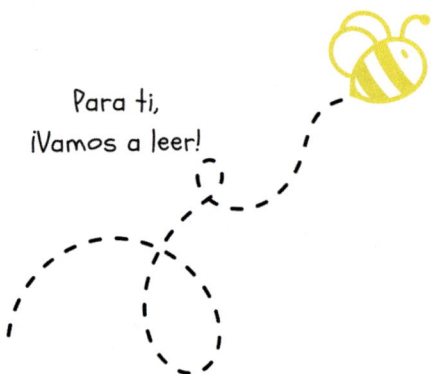

ISBN: 9798375706740

Growing Readers

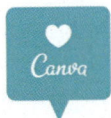

Sparking Creativity

Canva

n para

nido

T. Paris

○ ○ ○

1

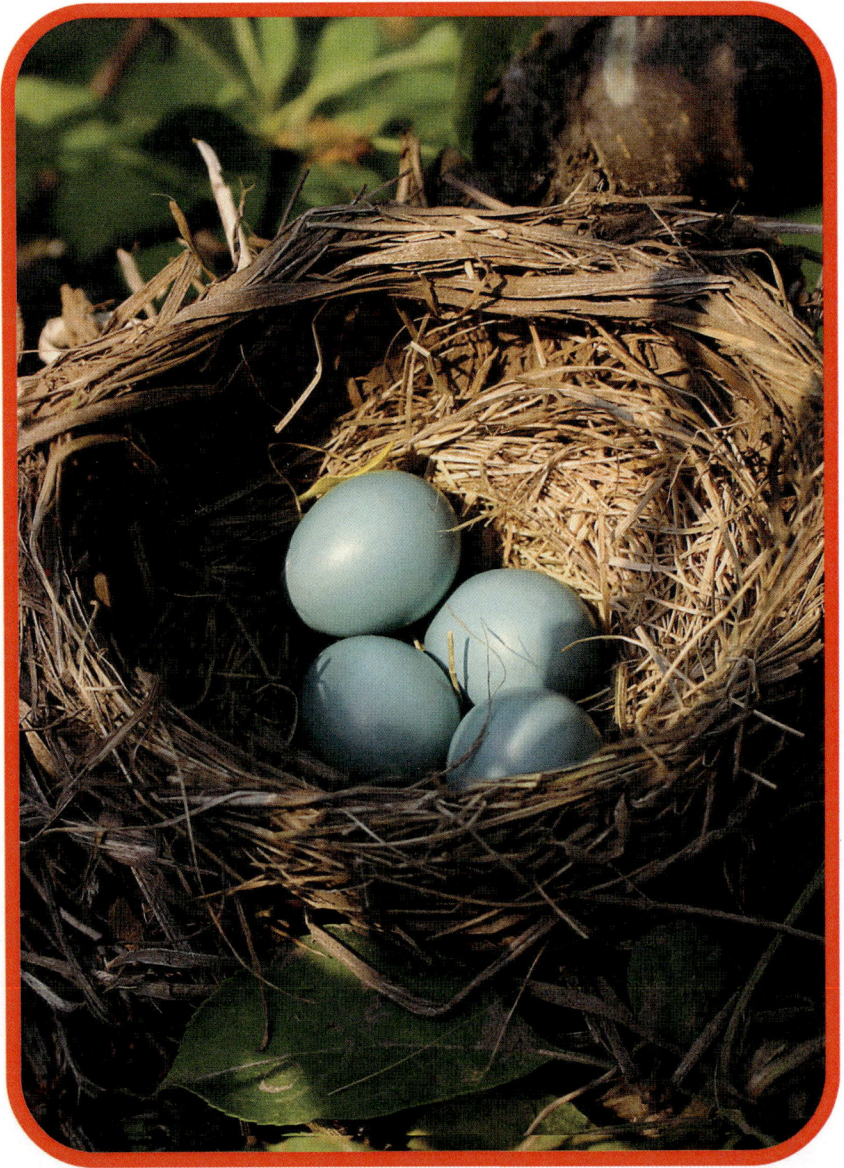

Nido

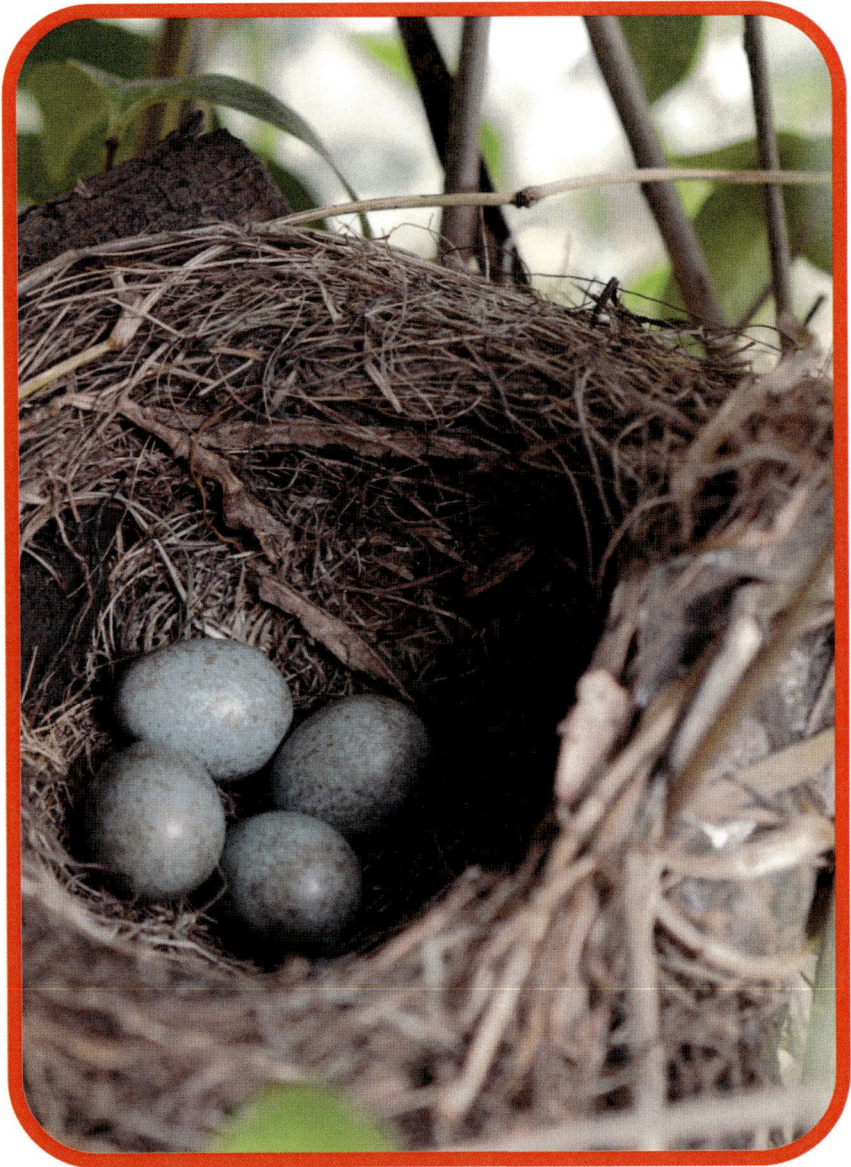

Nido

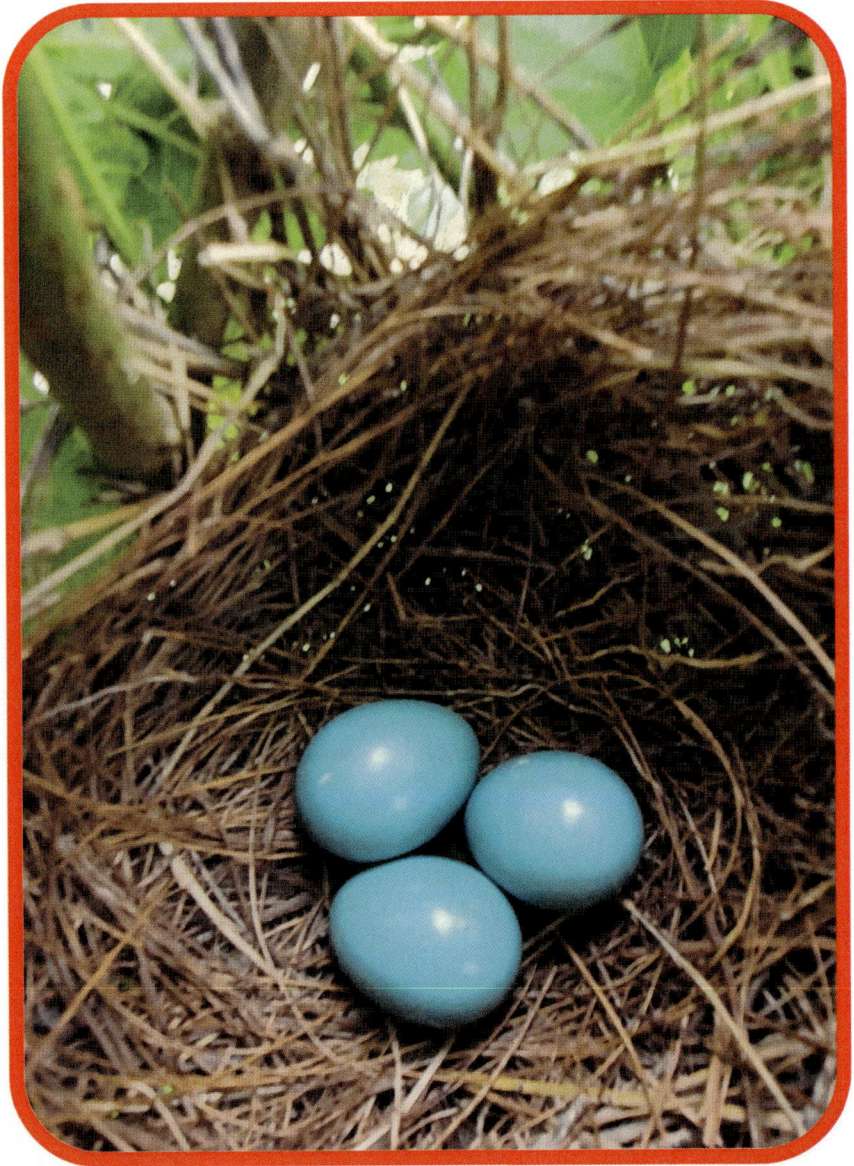

Nido

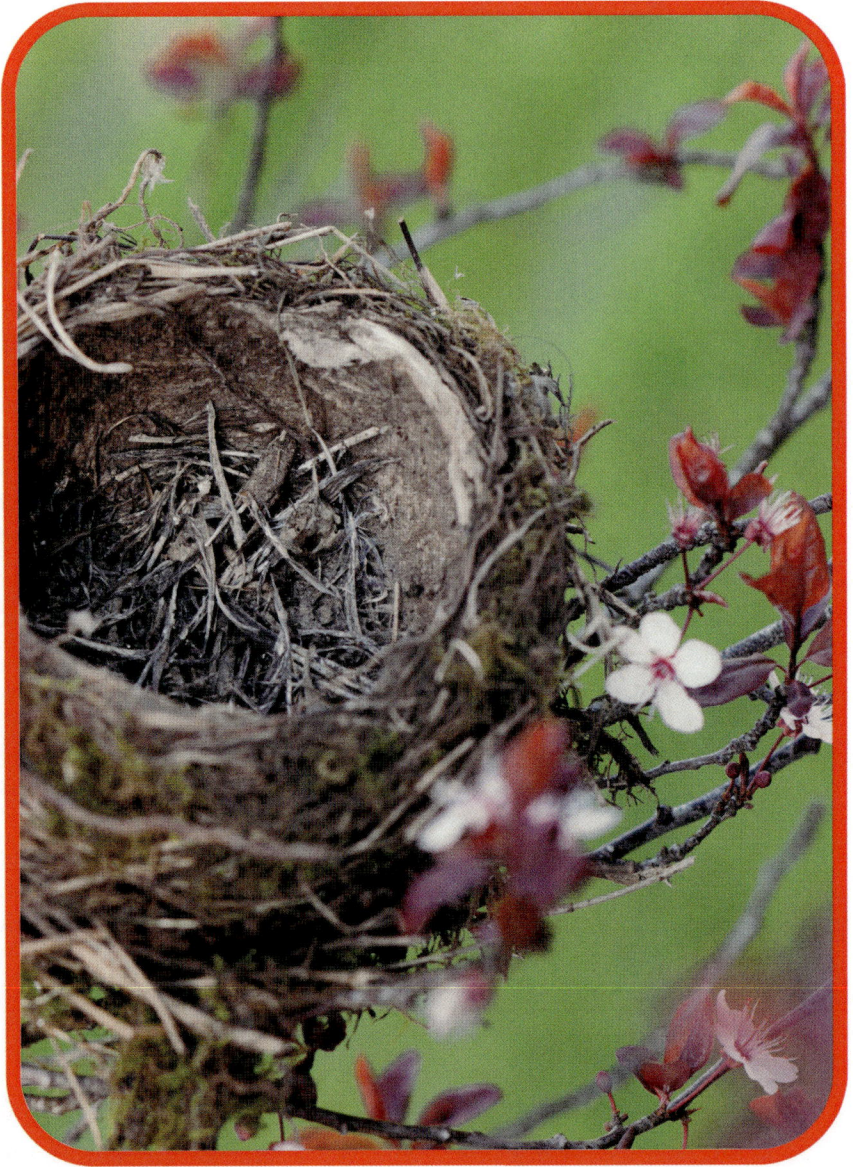

Nido

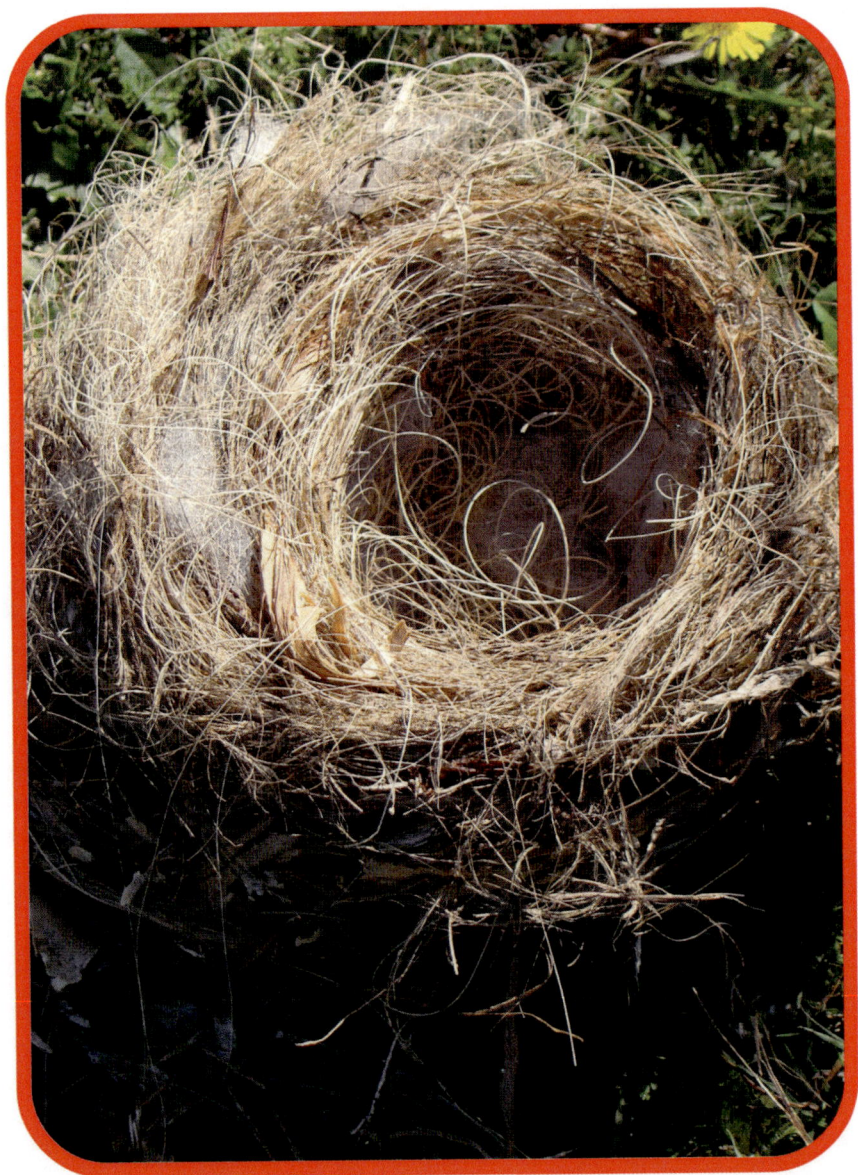

Nido

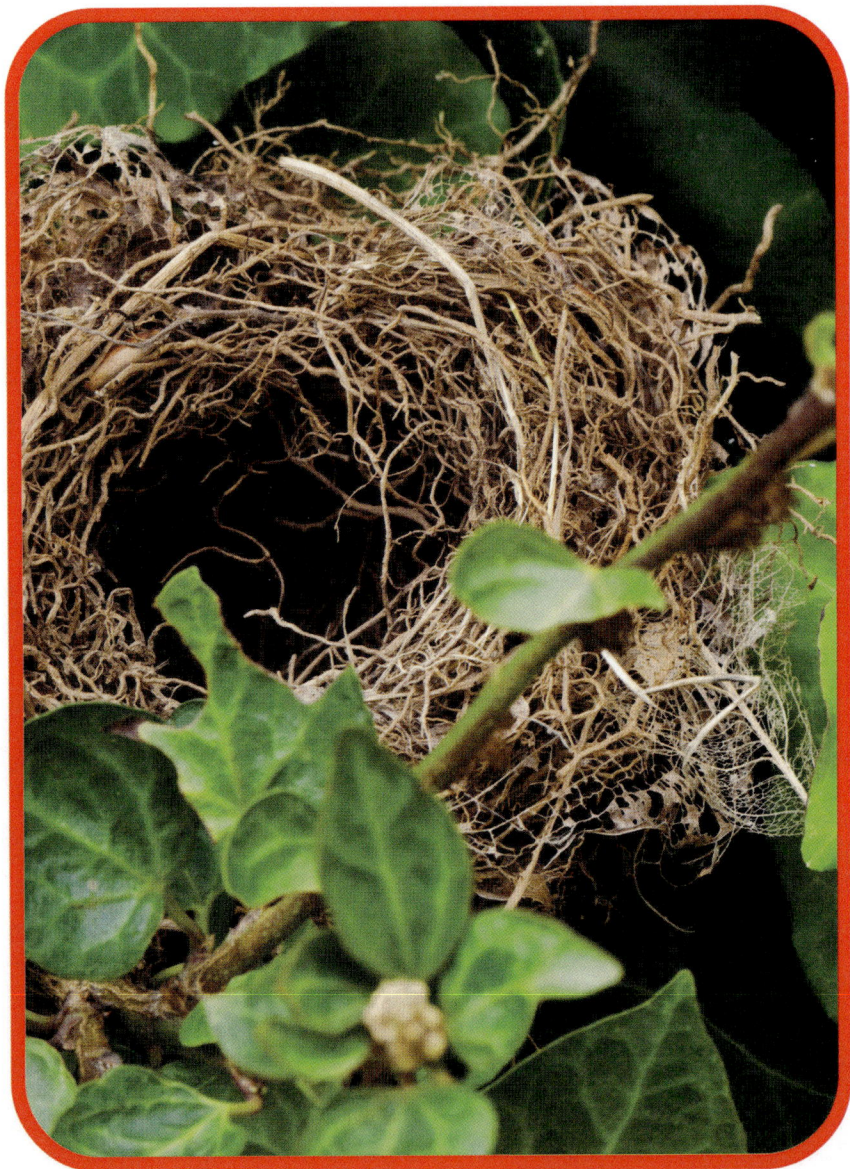

Nido

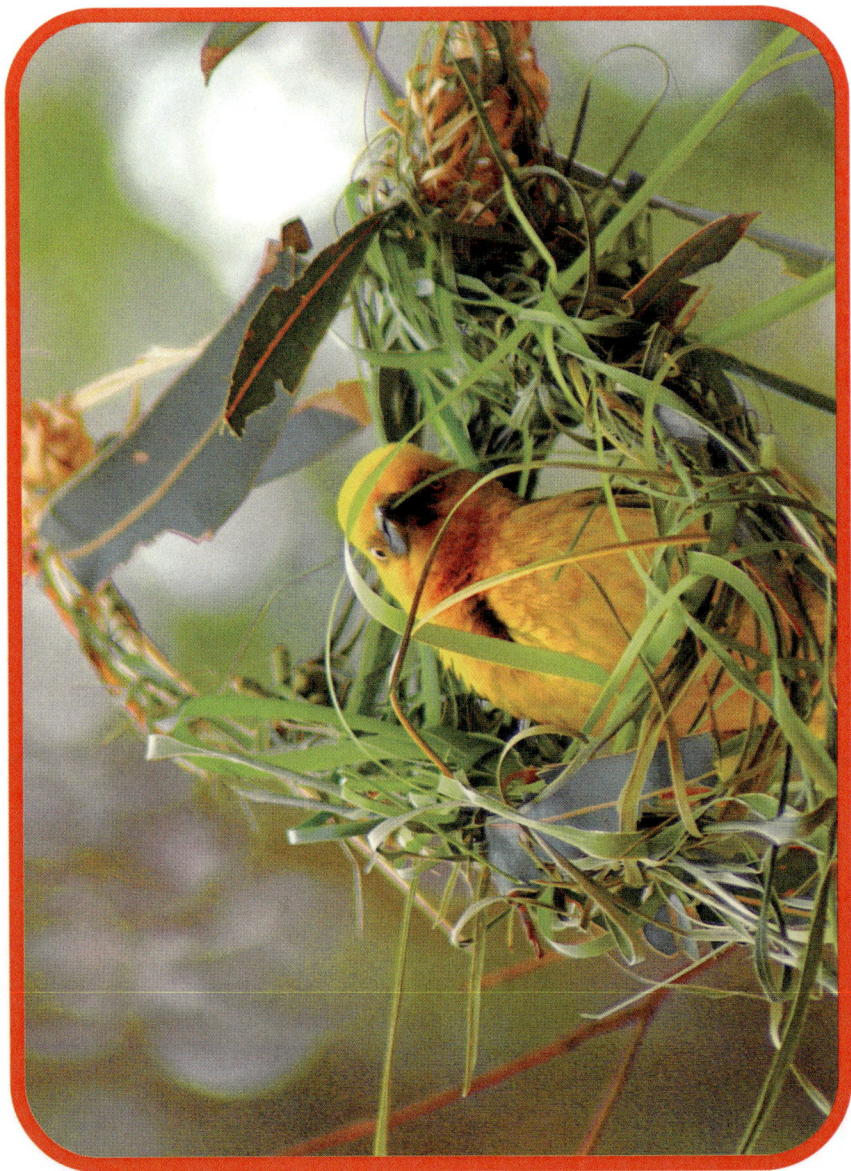

Nido

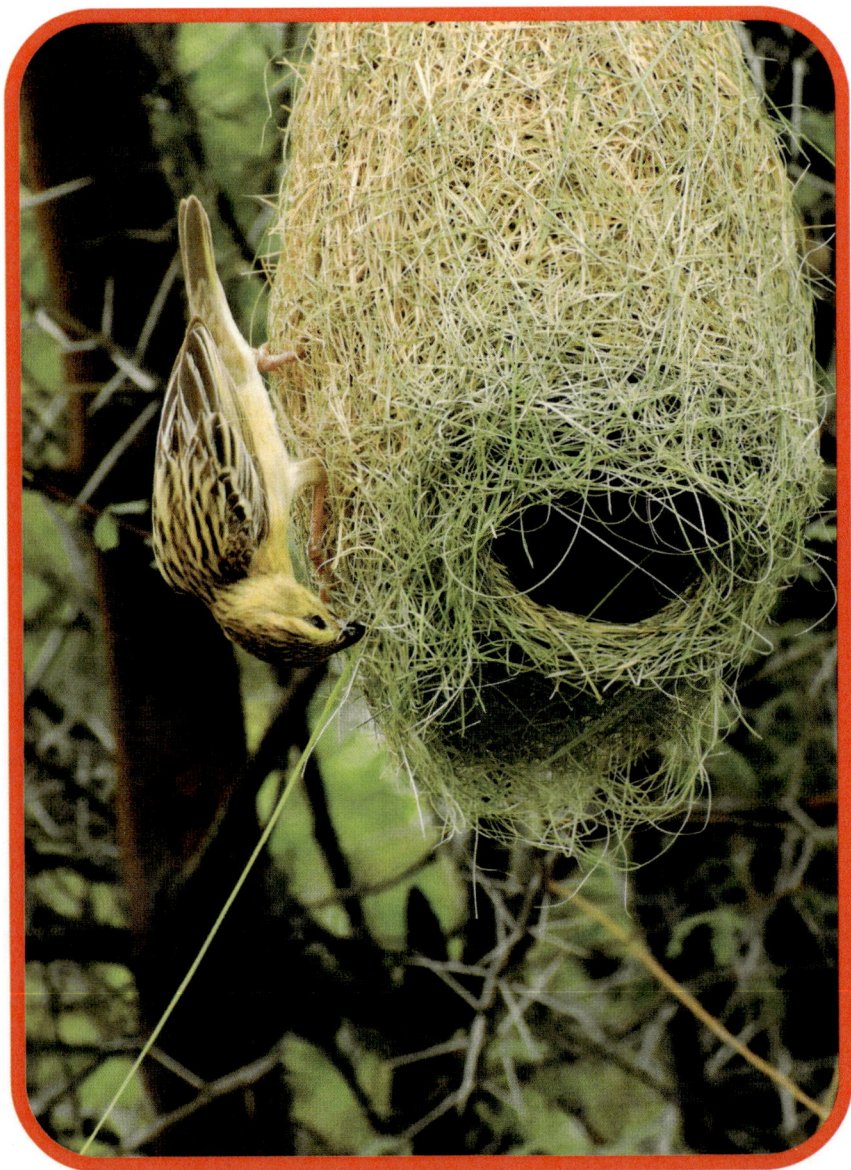

Nido

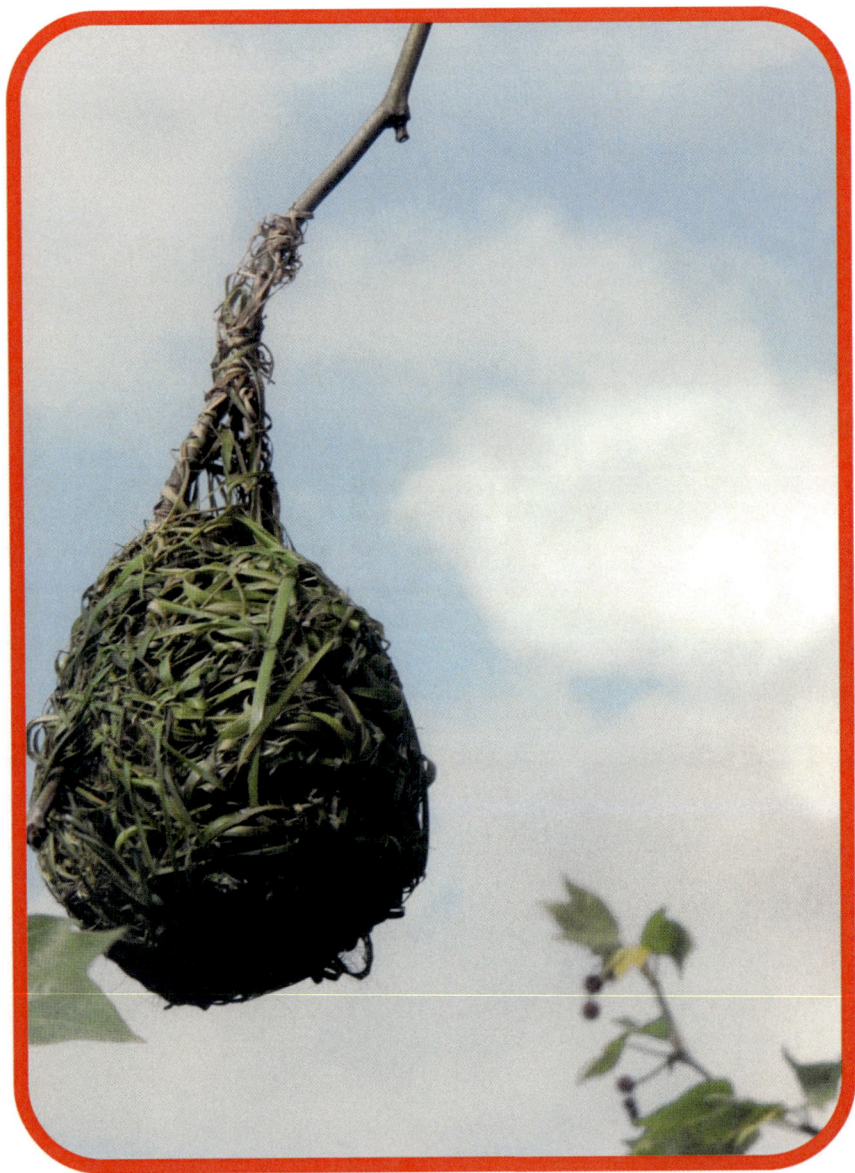

Nido

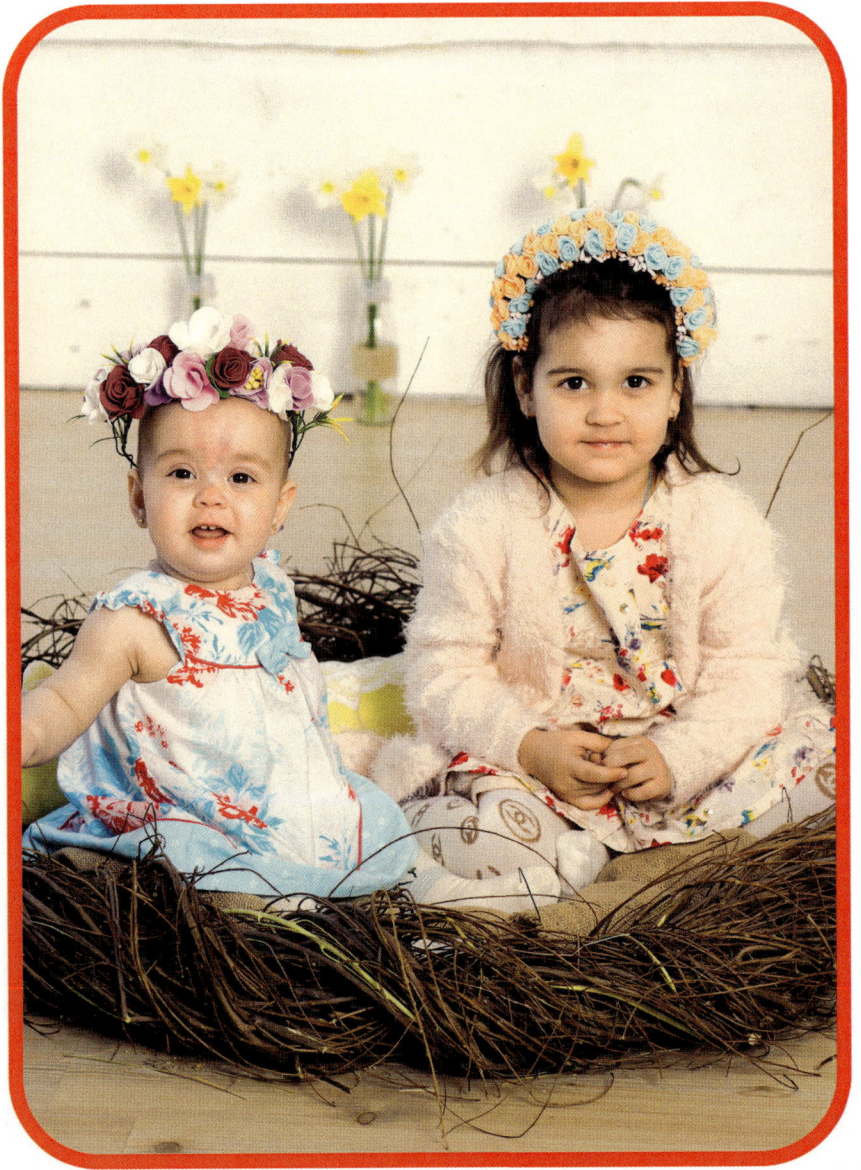

Nido

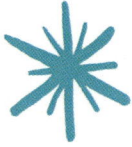

Made in the USA
Las Vegas, NV
06 May 2024